LA POLITIQUE IMPÉRIALE

MARSEILLE. — TYPOGRAPHIE MARIUS OLIVE,
RUE PARADIS, 68.

LA

POLITIQUE IMPÉRIALE

RÉPONSE

A S. A. I. LE PRINCE NAPOLÉON

PAR

LE PRINCE HENRY DE VALORI.

PARIS

DENTU, 13, GALERIE D'ORLÉANS, PALAIS-ROYAL.

1869.

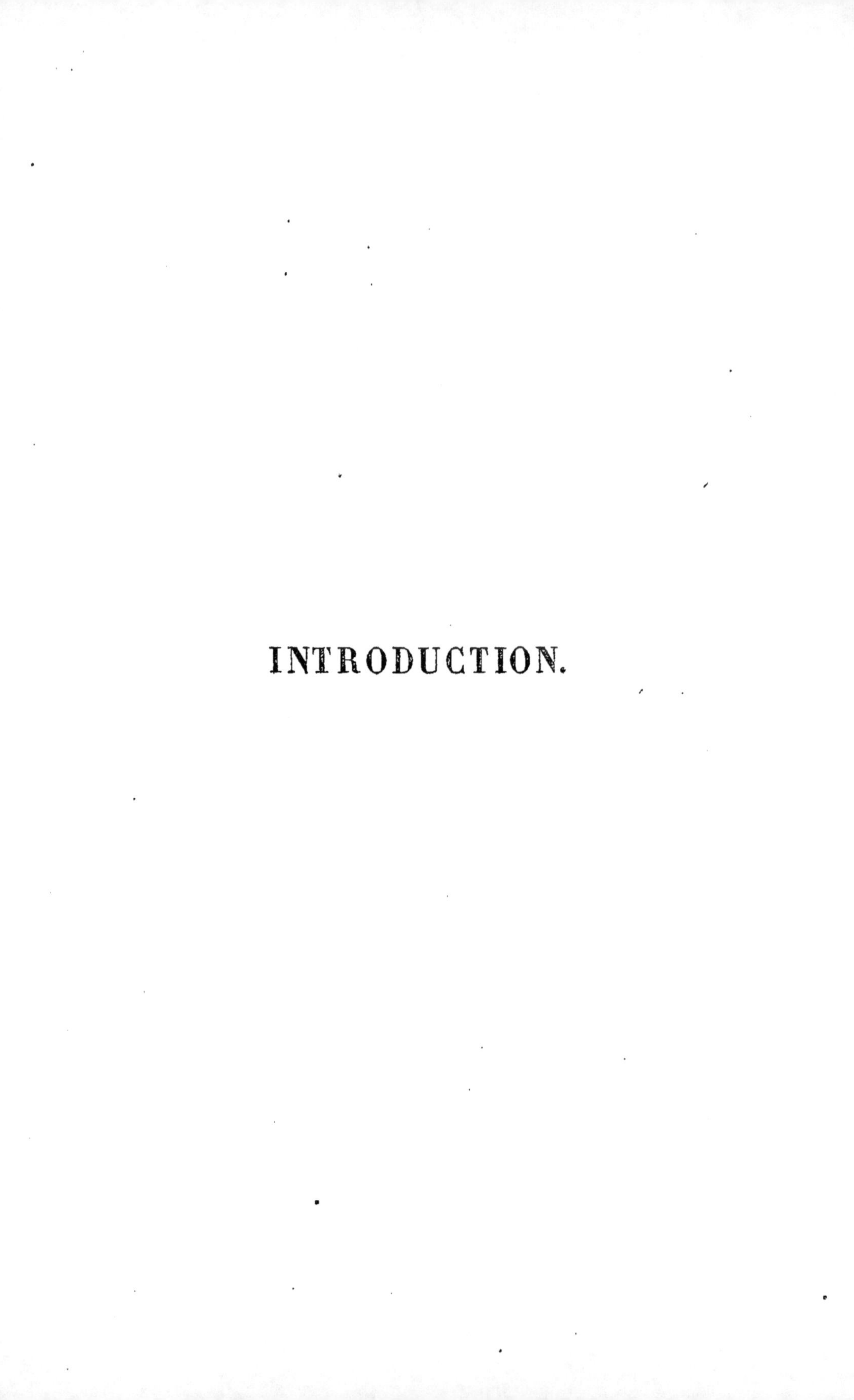

INTRODUCTION.

INTRODUCTION

Je viens de lire le remarquable discours que Votre Altesse a prononcé au Sénat. Je prends la liberté d'y répondre. Comme vous l'avez dit dans ce langage clair, incisif, auquel vous nous avez accoutumé : « Il faut s'occuper d'affaires, des affaires du pays, car le temps des molles somnolences est passé ». Vous ne vous étonnerez donc pas si je prends la plume.

Inspiré par l'appel que vous faites au libre examen des choses publiques, je vais avoir l'honneur de discuter avec vous l'ensemble de la politique impériale à l'extérieur comme à l'intérieur.

La guerre de Crimée, la guerre d'Italie, la réforme commerciale, les amnisties sont, d'après vous, les points culminants de l'histoire du second Empire. Vous me permettrez, prince, d'élargir *un peu* votre cadre, en y ajoutant les affaires du Mexique et de l'Allemagne. Je me mettrai alors au point de vue napoléonien, et j'examinerai si vous ne vous méprenez pas sur la situation des esprits en France et à l'étranger.

Pour juger un homme, une dynastie, une nation, il faut se placer à leur point de vue, se rendre compte de ce qu'on aurait fait si on avait été à leur place ; en un mot appliquer à l'étude de la politique ce froid et impitoyable adage de l'égoïsme humain :

Fais à autrui ce que tu voudrais qu'on te fasse.

Je vais parler sans amertume, sans récriminations, n'invoquant que la religion, que l'histoire, que les intérêts de mon pays. J'ai donc hâte, avant de commencer, de vider une question personnelle à ceux qui ont l'honneur de descendre des soldats de Marignan, de Rocroy, de Denain et de Fontenoy.

Vous avez dit, Monseigneur, « que le drapeau blanc était un stygmate de honte pour la France ». Il n'est pas dans les habitudes de ma courtoisie de mesurer la riposte à la violence de l'attaque. Vos paroles auront, à travers la postérité, un long et triste retentissement. Vengeur de ses devanciers, le siècle qui va suivre racontera à nos descendants comment on a osé parler du drapeau de Godefroy de Bouillon, de Bayard, de Du Guesclin, d'Henri IV, de Condé et de Turenne. Moi, Monseigneur, je me contenterai de demander à votre Altesse Impériale, quel était le drapeau qui flottait sur la Corse lorsque le vainqueur d'Austerlitz vint au monde? Je demanderai également quelle était la cocarde portée à l'école de

Brienne, lorsque la munificence du roi très-chrétien y envoya le chef de votre illustre famille? quel était enfin le pavillon arboré sur les vaisseaux de Marseille lorsque la famille de Napoléon touchait une pension sur les gabelles de la cité phocéenne?

Ceci posé, prince, je reviens à l'ensemble de votre discours qui trouvera peu d'adhérents aux Tuileries. Car je doute que l'Empereur ait vu, dans votre programme, des gages de sécurité pour l'avenir de sa dynastie.

Vous avez lu, au portique d'un palais de Venise, cette maxime étrange :

Dieu me garde de mes amis, je me charge de mes ennemis.

Si j'avais l'honneur ou le malheur de loger dans un royal palais, je ferais graver sur le frontispice ces paroles :

« Dieu me garde de moi-même, qu'il me conserve mes amis, qu'il me protége contre mes ennemis ».

Ceci, Monseigneur, est plus chrétien, plus modeste; et c'est plus sûr.

CHATEAU-RENARD, 5 septembre 1869.

LA GUERRE DE CRIMÉE.

LA GUERRE DE CRIMÉE.

I

Lorsque le coup d'Etat et le plébiscite populaire de 1852 l'eurent porté aux Tuileries, l'empereur Napoléon III ne se trouva pas surpris par les événements. Ce n'était pas la première fois qu'il se voyait, du moins par la pensée, sur le premier trône de l'univers ; il avait médité, pendant de longues années, la politique qu'il croyait convenir à la France et à sa dynastie, dans leurs rapports avec la société moderne. Le jour où l'Empire fut proclamé, la théorie napoléonienne était prête, il n'y avait qu'à l'appliquer.

Déchirer ou du moins modifier les traités de 1815, et à cet effet s'appuyer sur la démocratie européenne, en faisant appel aux nationalités, fut toute la politique de l'empereur à l'extérieur. A l'intérieur, il dut tâtonner. Élevé au rang suprême, à la voix de conservateurs timorés, arrêté un instant par les décombres sanglants des barricades démagogiques de Paris, Napoléon III hésita avant d'adopter sa ligne gouvernementale. Vos conseils, Monseigneur, pesèrent dans la balance : tout fut combiné dans le projet d'une étroite alliance entre l'Empire et la Démocratie.

Biffer les arrêts rendus à Vienne contre la gloire et l'agrandissement de la France était une louable idée, une idée habile, parce qu'elle était populaire dans le sens le plus français du mot. Seulement si, au point de vue de l'honneur national, il fallait s'affranchir de la prétendue Sainte-Alliance, s'il fallait relever le drapeau de la France, on ne devait pas aventurer le principe jusqu'à ses dernières conséquences. On devait songer, qu'après tout, le traité de Vienne avait été signé bien plus contre la révolution que contre la France.

II

Ce n'était pas une chose facile que de réduire les traités de 1815 à l'état de *lettres-mortes*. Il fallait briser le pacte sacro-saint des grandes puissances, et, avant tout, faire le choix de la nation que l'on devait isoler.

Les traités avaient été signés au profit de l'Angleterre et de l'Autriche.

Alliées naturelles par leur position géographique, par l'étroite connexité de leurs intérêts politiques et commerciaux, par la prépondérance acquise par l'une sur les mers, par l'autre sur le continent, ces deux puissances étaient les gardiennes nées de l'acte de Vienne. C'était donc l'une d'elles qu'il fallait compromettre. Mais laquelle?

Certes, jamais question plus grave ne s'était présentée à l'esprit d'un homme d'Etat, lorsque les affaires des Lieux-Saints vinrent brutalement demander la réponse. Le *pour* et le *contre* furent pesés dans la balance politique du cabinet des Tuileries.

Si la France prenait fait et cause pour la Russie, une triple alliance, composée de l'Angleterre, de l'Autriche et de la Prusse, se formait immédiatement contre elle, sans compter l'agitation intérieure que nos voisins d'outre-Manche savent produire en France quand ils le veulent bien. La France pouvait en 1854, comme en 1859, effectuer une diversion en Italie en réveillant l'idée italienne; mais le Piémont, encore endolori des rudes coups que lui avait portés Radetzki, n'était pas en mesure de prendre part à la lutte, et l'Angleterre, d'ailleurs, aurait neutralisé son effort en portant son escadre sur Naples et la Sicile.

Si, au contraire, la France s'alliait avec l'Angleterre contre le czar, elle isolait l'Autriche. Car le simple bon sens diplomatique enseignait que l'Autriche garderait, sinon une neutralité armée, du moins la neutralité simple. Je sais que l'opinion en Europe a condamné l'attitude de l'Autriche en cette circonstance et cette ingratitude dont elle a fait jactance; je sais que les plus indulgents accusent son imprudence; quant à moi, dans mon ignorance et mon obscurité, j'étudie attentivement, depuis plusieurs années, la position dans laquelle cette grande puissance se trouvait, et j'avoue, à ma honte, que je ne suis pas de l'avis de tout le monde. Si, pour quelques-uns, il y a quelque chose d'incompréhensible dans son attitude, je leur conseille d'étudier à fond l'histoire très-contemporaine des sociétés secrètes et du rôle qu'elles espéraient jouer en 1854.

Quoi qu'il en soit, le cabinet des Tuileries ne s'y trompa pas; la Russie, irritée contre l'Autriche, la Sainte-Alliance n'existait plus et la politique napoléonienne avait le champ libre.

Le même cas de neutralité se présentait pour la France vis-à-vis de l'Angleterre et de la Russie. Nous pouvions laisser l'Angleterre s'épuiser sur le Bosphore pour la liberté des Dardanelles, en attendant que la révolte des Cipayes vînt ajouter aux dangers dont l'empire maritime d'Albion était menacé. Mais, il faut le dire, il n'y avait pas à hésiter: la politique de la France ne permettra jamais à la Russie de mettre les pieds à Constantinople. Au point de vue de haute et loyale impartialité où je me place, je ne puis que louer l'empereur d'avoir saisi une occasion légitime de reconquérir notre prestige militaire, d'avoir fait parader notre invincible armée, au milieu des dangers et de la gloire.

Le profit de nos victoires a-t-il égalé nos pertes? Avons-nous bénéficié dans l'avenir de tant de sacrifices? Le blâme ici vient se placer à côté de l'éloge.

Des demi-mesures, comme toujours depuis 1852, ont compromis les avantages du traité de Paris.

Puisqu'on avait fait la guerre à la Russie pour détruire son empire dans la mer Noire, il fallait détruire sa flotte à Cronstadt comme on l'avait fait à Sébastopol. Il fallait obtenir pour les Lieux-Saints les garanties les plus explicites. Qu'est-il arrivé? la Russie a reconstitué ses forces navales; elle a, nuitamment et sans bruit, étendu son empire jusqu'aux portes de l'Inde anglaise; elle a conclu des traités d'alliance avec les Etats-Unis d'Amérique; et, lorsque la France a voulu élever la voix dans la question de Pologne, les vaincus de l'Alma ont répondu à nos observations par des notes qui auraient fait bondir Louis XIV d'indignation.

LA GUERRE D'ITALIE.

LA GUERRE D'ITALIE.

I

Un congrès s'assemble à Paris, et dans l'acte de paix, le Piémont a déposé des germes de guerre. Le 1er janvier 1859, l'Empereur adresse à M. de Hubner des paroles qui étaient une menace. Les politiques y virent une déclaration de guerre. Nous nous sommes tous demandé alors le pourquoi de cette guerre ? Quels étaient les griefs de la France contre l'Autriche ?

Le seul point de contact que la France ait eu avec l'Autriche était l'Italie. Les soldats français et autrichiens étaient à Rome, à Ancône, commis simultanément à la garde du Saint-Père. Les Autrichiens avaient-ils violé les traités et dépassé la limite tracée à leur occupation ? En aucune façon. Avaient-ils porté préjudice à quelque peuple ami ? Non. Nous avions donc le droit de nous demander la cause de ce revirement dans la politique du cabinet des Tuileries.

Depuis l'avénement de la maison française de Lorraine au trône des Habsbourg, depuis le mariage de Louis XVI avec une archiduchesse d'Autriche, depuis, enfin, le ministère Vergennes, l'alliance avec l'Autriche avait toujours été considérée en France comme une alliance conservatrice et catholique. C'est la République qui avait déclaré la guerre à l'Autriche. Le Consulat et l'Empire, solidaires de la Révolution, continuèrent cette guerre; mais lorsque le grand capitaine, qui avait vaincu les Autrichiens à Marengo, à Rivoli, à Austerlitz, put contracter une alliance avec eux, il divorça avec Joséphine de Beauharnais et épousa Marie-Louise.

Toutes les fois que la révolution a eu le dessus, on a fait la guerre à l'Autriche, et toutes les fois que le pouvoir a voulu se consolider, il s'est allié à la seule grande puissance qui soit notre coreligionnaire.

La guerre éclate. Après quatre victoires la France put céder la Lombardie au Piémont et imposer ses conditions à Villafranca. Je suis de ceux qui ont le plus déploré la guerre d'Italie et ses conséquences immédiates ; le renversement du trône des archiducs, l'ébranlement de la Papauté et de l'Europe pour bien des années ; eh bien ! en restreignant l'examen de la situation au point de vue purement diplomatique, je n'hésite pas à le proclamer : rejeter l'Autriche sur le Mincio, donner la Lombardie au Piémont en échange de la Savoie était de la bonne politique française. Il fallait s'arrêter là et exécuter littéralement le traité de Zurich.

D'infranchissables abîmes séparent notre manière de voir ; l'avenir, juge suprême, décidera entre nous.

Vous pouviez alors dicter des lois à l'univers. Vous pouviez dire aux Autrichiens : « Je vous agrandirai sur le Danube où, dans le pressentiment de votre grandeur à venir, les Hongrois se sont donnés à vous ; venez, formons une Confédération italienne ; équilibrons dans la Péninsule nos intérêts, nos influences ; plaçons-nous au seuil de l'histoire future, comme ces deux grandes statues de Charlemagne et de Constantin aux portiques du Vatican ; faisons la paix au nom du catholicisme, de la liberté et du bonheur de cette noble et malheureuse Italie qui a été mille ans notre champ de bataille ; quittons le gantelet de fer et serrons-nous la main aux applaudissements du monde ».

Vous disiez aux Italiens : « Je vous constitue dans l'état de plus parfaite politique à laquelle vous puissiez atteindre ; donnez-moi la Savoie, Nice, la Sardaigne, pour qu'en défaisant ma politique séculaire j'y trouve des garanties ! » Et par cette combinaison, chef-d'œuvre politique, vous, dynastie d'hier, vous aviez pour alliées, tout à la fois l'Europe conservatrice et l'Europe libérale, et vous consacriez en Italie cette liberté rationnelle et modérée, ce progrès régénérateur du christianisme, que l'auguste Pie IX a inauguré à son avénement au trône...

Jamais ami n'a fait pour le gouvernement un plus

beau rêve. On ne l'a pas réalisé, et au prix du sang français versé à flots, on a cru cimenter cette alliance franco-italienne qui n'est qu'un leurre et une déception.

II

La politique impériale livra l'Italie au Piémont. Je ne viens pas faire ici de la politique de sentiment ; je ne crois pas que j'attendrirais Votre Altesse Impériale en lui parlant de la Papauté protectrice de sa famille, du vieux duc Léopold, de la fille de saint Louis, de François II et de Marie-Sophie. Je me tiens sur le terrain diplomatique, et les pièces en main, j'ai l'honneur de rappeler à sa mémoire ce que l'on disait en plein sénat italien, quelques jours après Solférino.

« Toute l'Europe en défiance a les yeux fixés sur la France, parce que Napoléon a voulu la Savoie et Nice ; parce qu'il a des velléités et des tendances d'avoir la Sardaigne ; parce que, à un moment donné, il a envoyé des agents à Florence et à Naples pour y provoquer l'intronisation de ses deux cousins et substituer à la ligue austro-italienne ayant pour centre Vienne, la ligue franco-italienne ayant pour centre Paris ; parce qu'il est connu de tout le monde que la France désire également la Belgique.... Nous nous sentirons alors *inclinés à nous allier* à l'empire des Habsbourg transformés ».

Après l'alliance autrichienne, Garibaldi propose l'alliance anglaise[1].

Voilà pour qui nous avons versé notre sang, dépensé notre or, pour qui nous nous sommes compromis avec le reste de l'Europe!

Nous autres, nous n'avons cessé de le répéter: l'unité italienne serait-elle possible, que la création à notre porte d'un État de 26 millions d'habitants serait une arme dirigée contre nous par la révolution, l'Angleterre, et au besoin, comme les Italiens vous l'ont dit eux-mêmes, par l'Autriche.

L'histoire nous apprend qu'en Italie les Français ont été plus détestés que les Allemands. C'est nous qu avons été les véritables *barbares,* ennemis de l'indépendance nationale; c'est pour nous qu'on a sonné les *Vêpres Siciliennes*, que les cloches de Florence ont été prêtes à s'ébranler à la voix de Capponi; et lorsque le dernier des Hohenstauffen a expiré sur la place publique de Naples, un cri de douleur immense a retenti dans toute l'Italie, et Dante nous en a légué l'impérissable souvenir! L'histoire a ses bizarreries, et cette préférence accordée aux Allemands n'est pas la moins grande.

Le parti gibelin, qui était le plus nombreux, a toujours penché vers les empereurs, et si la Papauté,

[1] Dépêche de M. Elliot à lord John Russel. 1er septembre 1860.

cette sublime protectrice des Guelfes et de la liberté, venait à disparaître; plus malheureuse encore que dans les plus mauvais jours, l'infortunée Italie, en proie tour à tour à la France, à l'Autriche, à l'Angleterre et à la Révolution, serait encore le champ clos des querelles de l'Europe. Car le vicaire de Celui qui juge, pardonne et réconcilie, ne serait plus là pour sauvegarder l'honneur de l'Italie, pour jeter dans la balance du parti guelfe le poids divin de la civilisation par Jésus-Christ et des libertés de l'Évangile.

DU PAPE.

DU PAPE.

I.

Mes lecteurs auraient lieu de s'étonner si je parlais politique sans toucher au Pape. A bon droit, ils pourraient me demander si ma langue est restée collée à mon palais, et si j'ai oublié cette Jérusalem moderne, objet de tant d'amour et de tant de haine. Non, non, il n'en sera rien, et lorsque des paroles insidieuses, perfides, trahissent de mauvais desseins pour l'avenir ; lorsque, sous des apparences d'un libéralisme qui n'est point écrit au fond du cœur, j'aperçois de transparentes menaces pour la papauté, dans la source inépuisable de mon affection et de mon dévouement pour la foi de mes pères, je trouverai encore des aroles de tendresse pour

Pie IX, des arguments victoireux pour sa triple couronne.

Le Christ seul sauvera la société moderne ; il la sauvera par son Vicaire.

Je serai bref. Mais lorsque la paix du monde est suspendue à une existence souveraine; lorsque ce soir ou demain le télégraphe pourrait nous apporter d'inquiétantes nouvelles, puisque nul d'entre nous n'est immortel, je ne me pardonnerais pas de ne pas récapituler toutes les raisons, tous les motifs d'ordre supérieur qui nous ordonnent, à nous Chrétiens, à nous Français, de considérer la Papauté temporelle comme la tour élevée pour protéger nos autels, notre civilisation, nos familles.

Je l'ai déjà dit: il y a plusieurs Papes fort temporels, tolérés, encensés par la révolution. A ceux-là paix, gloire et sécurité ! Ils peuvent supprimer la Pologne , ils peuvent étouffer la voix des Posnaniens, ils peuvent faire égorger les Maronites. L'ennemi, c'est le Pape, « vieux, célibataire et prêtre, ce qui exclut les quatre-vingt-dix-neuf centièmes des erreurs et des passions qui troublent les Etats » !

Quel est donc le secret de cette préférence dans la haine et la calomnie ? Ce secret, c'est la peur, c'est la lâcheté ! . .

Il n'est pas aisé d'insulter, d'attaquer, de calomnier journellement le gouvernement d'un Pape en uniforme et en bottes fortes, d'un Pape qui a cinq cent mille hommes et plus sous les drapeaux. Tout cela ne se fait pas impunément. Mais s'en prendre à un vieillard sans défense, voilà ce qui est beau, voilà ce qui est brave, voilà surtout ce qui est français !

II.

Si la question italienne a surgi avec la première révolution française, la question romaine est ressuscitée en 1831 des mauvais desseins combinés du gouvernement de juillet et de l'Angleterre.

Fille de la Réforme, la politique anglaise s'est inspirée de sa mère, et pour détruire la Papauté, elle a déclamé tragiquement contre les moindres misères du gouvernement pontifical, de ce gouvernement dont un protestant célèbre a dit pourtant : « qu'il était une administration douce, décente et paisible ».

Et lors même que le gouvernement romain serait mauvais, établissons ce principe, savoir : que nul Etat n'a le droit de s'ingérer dans ses affaires, nulle puissance n'a le droit de donner au Souverain cinq fois légitime des Etats-Romains, un conseil qui n'est pas respectueux, et, à plus forte raison, n'a le droit de lui infliger un blâme et de lui adresser une menace. Cela tombe sous le sens.

Les conseils de réformes : oui, c'est là, depuis le

Memorandum de 1831, toute l'histoire de la révolution italienne. Conseils donnés publiquement, récriminations hypocrites de l'Angleterre et de la France, griefs mensongers colportés par la presse radicale, tout un arsenal de ruses et de piéges ; voilà les moyens employés vis-à-vis de Rome d'abord, et ensuite de Naples, sa voisine et alliée.

Les Papes comme les rois de Naples, depuis trente ans, ont commis une faute politique c'est d'accepter des conseils diplomatiques.

Si la première fois qu'un ambassadeur de Louis-Philippe ou de lord Palmerston se fût permis de contrôler le gouvernement intérieur des États-Romains et des Deux-Siciles, on l'eût rappelé à l'ordre et invité à s'occuper de ses affaires ou à quitter le pays, l'habitude de censurer les gouvernements faibles ne serait pas devenue une tradition, et Victor-Emmanuel, en jetant la perturbation dans la Péninsule, n'aurait pas compromis l'Italie et sa propre dynastie.

III.

En ce qui concerne le pouvoir temporel lui-même, les ennemis du Saint-Siége n'ont jamais pu lui opposer que l'interprétation exagérée d'une parole mal comprise. Jésus-Christ a dit : « Mon royaume n'est pas de ce monde ». — Donc le Pape ne doit pas être roi, disent-ils.

D'abord le Sauveur n'a jamais dit que son royaume n'était pas *dans* ce monde ; il a dit seulement que sa royauté n'était pas *de* ce monde. « *Ex hoc mundo* », c'est-à-dire qu'elle procédait de Dieu. Et cela est si vrai, qu'interrogé par Pilate qui lui demandait s'il était Roi, il lui répondit aussitôt : « Tu l'as dit. Je le suis ». Parole qui le fit traiter d'ennemi de César, et qui signifiait, dans son vrai sens, que, comme homme, il était de la descendance directe et légitime du roi David, et, comme Dieu, il était le roi de l'univers. Devant cette explication, adoptée par tous les théologiens, et sans laquelle Jésus-Christ se serait mis en contradiction avec lui-même, en disant que son royaume n'avait rien de commun avec ce monde, que devient toute l'argumentation révolutionnaire ?

Si c'était la révolution qui disait vrai, quelle en serait la conséquence ?

Il faudrait donc en conclure, qu'à l'exemple du Christ, maître et exemple de tous les chrétiens, nul dans la société chrétienne ne peut aspirer aux honneurs terrestres ; que tout bon chrétien ne peut être roi, général, ou investi d'une dignité quelconque.

Que de catholiques *sincères* et *indépendants*, vous allez mettre au désespoir avec votre raisonnement !

Quoi ! plus de Sénat où l'on se prélasse, plus de

charges de cour, de préfectures, de recettes générales et particulières pour les dévots de la colonne Vendôme. Car, enfin, si le royaume du Christ n'est pas au Vatican, je nie qu'il soit au Luxembourg ou devant le pont de la Concorde.

Moi qui crois, au contraire, que Dieu règne par son œuvre sur la terre comme il règne dans les cieux, j'invoque Ammien Marcellin, saint Jérôme, saint Grégoire le Grand, Grégoire II, Pagi, Thomassin, Muratori, Orsi, Bossuet, Gibbon, Montesquieu, Napoléon Ier, Joseph de Maistre, Ventura, Lacordaire, Dupanloup, Plantier, Pie, Gerbert, et je répète avec eux :

— Que le suffrage des peuples, le droit de conquête de Pépin sur Astaulphe, une donation en règle par les empereurs francs, une possession non interrompue pendant neuf siècles, la prescription enfin ont fait de cette possesion la légitimité la plus justifiable qu'il y ait en ce monde ;

Que si un rayon de justice perça à travers les ténèbres de la barbarie, si la force brutale n'a pas écrasé les peuples, et si la civilisation et la liberté se sont opposées aux excès de la féodalité, c'est à la Papauté qu'on le doit ;

Que le pouvoir temporel est indispensable au Pape pour exercer en paix et librement sa mission de régir les âmes ; indispensable pour l'équilibre de l'Europe ; indispensable surtout pour la grandeur et la prépondérance de la France ;

Que ce pouvoir légitime n'a été exercé que pour le bien de l'humanité, de l'Europe, de la nationalite italienne, pour le bonheur du peuple romain.

Ici se trouve naturellement la réfutation de cette objection :

Les modernes Romains sont privés de jouer un rôle politique dans le monde.

Je réponds : Si le bonheur pour un peuple consistait dans son immixtion aux affaires générales de l'Europe, la Suisse n'existerait même pas sur le papier En vertu même de sa neutralité, elle a renoncé à toute ingérence dans les affaires européennes, et cette neutralité est considérée comme un bienfait pour tout le monde. « Les Romains sont heureux », a dit Voltaire. Dans tous les cas, ils n'ont point eu les guerres fratricides du Sonderbund.

Par la religion, les lettres et les arts, ils sont bien plus le peuple-roi que leurs ancêtres payens ; ils peuvent régner moralement sur deux cent millions de catholiques et se faire même respecter des gouvernements peu amis du Saint-Siége.

IV.

Mentana m'a fait oublier Castelfidardo ; le *jamais* de M. Rouher domine la phraséologie sonore de

M. Billault : l'espérance vient se greffer à notre inquiétude.

Et puis, quel retour singulier des choses de ce monde ! quelles vicissitudes ! quels changements ! quels contrastes !

Après Fontainebleau et Valence, Sainte-Hélène. Ils l'avaient jeté là comme Prométhée sur un rocher brûlant; ils avaient mesuré au conquérant le périmètre de son jardin ; ils l'avaient dépossédé des baisers de son fils, et, lorsque le lion étouffant le père, bondissait vers le passé, on lui présentait Hudson Lowe et les habits rouges de Waterloo.

Le Pape se souvint que Dieu a fait l'aigle pour planer au plus haut des airs, que le cheval des batailles a été créé pour hennir et dévorer l'espace ; quand tous insultaient au captif, il oublia une politique de démence. Au nom du Concordat, il envoya un prêtre à Sainte-Hélène et reçut dans ses bras tous les Bonapartes exilés.

Loin de nous donc le découragement ! La Papauté porte avec elle un bouclier invisible qui repousse les coups des impies.

Ceux-ci passeront comme l'eau du torrent ; elle soleil du demeurera comme la parole du divin Maître.

L'ouragan de la Révolution souffle en amoncelant des décombres ; une société nouvelle sortira de ces ruines, et les jours de grâce luiront pour nous au catholicisme.

De même, en nos belles contrées, lorsque le vent

du Nord se lève, il apporte la tempête. L'atmosphère est en désordre, toute clarté a pâli, toute fraîcheur est ternie. Peu à peu la fureur des vents s'apaise, le calme renaît dans les airs, et le soleil, roi du monde, répand ses gerbes de feu sur nos horizons les plus lointains !

LE MEXIQUE.

LE MEXIQUE.

I

Depuis deux mille ans, il n'y a pas eu de régénération sociale sans Calvaire. Tout en haut le Christ, au sommet les rois, à la base les peuples, ont scellé de leur sang la charte du progrès, de la liberté chrétienne.

Entre toutes ces figures de rois, de reines, de héros ou d'héroïnes, qu'elles aient nom Jeanne d'Arc, Marie Stuart, Charles Ier, Louis XVI ou Marie-Antoinette, la plus singulière, la plus émouvante, la plus dramatique est celle de Maximilien.

Qu'inspirée par le Dieu de Clovis, Jeanne se revête de l'armure des forts et ceigne l'épée de la France : cela est saint, cela est admirable, cela est surnaturel. Que solidaires de leurs dynasties, les rois aient expié leurs sceptres, les fautes de leurs pères sous la hache d'une populace en délire, c'est tristement logique. La couronne royale procède du bandeau d'épines ; et lorque l'on a dans son trophée de famille la framée de Tolbiac, la Sainte-Ampoule de Reims, le globe de Charlemagne, les reliques de saint Louis, les éperons de Henri IV, on doit être fier aussi du sacrifice de Louis XVI.

Mais quitter sa patrie, sa famille, ses espérances, ses destinées, et s'embarquer sur les océans et les aventures, pour régénérer un peuple étranger ; n'être pas infaillible, commettre des fautes, mais tout faire pour les réparer ; abandonné de ses amis, de ses alliés, en appeler à la Providence, à sa foi, à son épée ; semer les bienfaits, le pardon, la miséricorde sous ses pas ; souffrir les tortures de la casemate de Queretaro, les outrages de bêtes fauves en rupture de leur ban, et offrir à Dieu son sang pour le salut de ces monstres : on peut appeler cela de l'ambition. Cette ambition-là, c'est la grande route de l'immortalité. Le Christ a passé par là.

Il faut s'éloigner des sommets pour en comprendre l'élévation. Avec les siècles, Maximilien grandira. A dix-huit ans, il administrait la Lombardie comme Marie-Thérèse. La haine milanaise expirait devant ce beau jeune homme, à la taille svelte et élégante, aux yeux lumineux, dont le doux regard corrigeait la lèvre hautaine de sa race. Plus tard, en le voyant passer avec Charlotte, on murmurait les noms de Philippe le Beau et de la belle Marie de Lorraine. Un jour, il se souvint que le soleil ne se couchait pas jadis sur l'Empire de Charles-Quint, il partit. Depuis lors, à Miramar, à la veillée du soir, les gens du palais assurent qu'on a vu passer les ombres du duc d'Enghien et de Jeanne la folle. Pauvres gens, ils se trompent ; Louis de Bourbon fut plus heureux que Max d'Autriche ; on lui mit une lanterne sur le cœur pour ne pas le manquer ; Jeanne la folle fut la mère de Charles-Quint. A Laeken, il y a une veuve qui souffre, mais nul enfant n'est là pour lui rappeler le front et le sourire du supplicié.

A la hauteur de mon admiration pour la victime, vous pouvez juger, Monseigneur, de mon estime pour les bourreaux et leurs complices.

II

Si le succès était, en ce monde, un symbole de vérité et de justice, si le bonheur, la prospérité étaient tout ici-bas, je l'avoue, je n'aurais qu'à garder le silence. Oser applaudir à l'expédition du Mexique après son dénouement serait insensé. La fin heureusement ne condamne pas plus les moyens qu'elle ne les justifie. L'issue malheureuse d'une entreprise ne lui a jamais fait perdre son utilité. A ce compte, il ne faudrait parler ni des Croisades, ni de Philippe V, ni de Dupleix, ni surtout de la Vendée.

L'expédition de Mexique fut la noble entreprise de ce siècle. Bien commencée, bien menée, bien conduite, elle devait aboutir à l'équilibre politique, social et commercial du monde. Le souverain qui aurait fondé un empire à Mexico et rompu l'union américaine, aurait vecu dans l'histoire à côté de nos plus grands rois. La postérité saura gré à Napoléon III de sa pensée ; elle honorera le début, en gardant toutes ses sévérités pour l'issue fatale.

Un fait inouï, sans exemple, c'est que presque toutes les sommités politiques se trouvèrent dans les rangs de l'opposition. Berryer, Thiers, Montalembert, se donnèrent la main pour défendre le cabinet de Washington.

Il fallait reconnaître les confédérés du Sud, briser l'unité de Monroë. L'empereur qui en comprenait l'urgence, hésita devant une opinion publique égarée, devant une majorité qui ne connaissait que la politique des génuflexions.

J'ai dit que Berryer était avec l'opposition. Je ne suis pas de ceux qui aiment à initier le public aux secrets de leurs satisfactions de vanité. J'aurais pu, comme tant d'autres, livrer à la publicité d'illustres et nombreux autographes; je dois aujourd'hui formuler nettement l'opinion de Berryer, et je choisis, parmi plusieurs lettres sur le Mexique, celle qu'il me fit l'honneur de m'adresser le 7 janvier 1865.

« J'ai lu avec attention la lettre de M. Roux; remerciez-le de ma part en lui disant que je vais lui répondre.

« Votre brochure ne peut modifier mes idées ; il ne suffit pas pour cela d'un beau langage. Vous me permettrez donc de différer entièrement avec vous sur ce sujet, et de vous offrir, avec mes compliments pour le travail en lui-même, l'expression de mes affectueux sentiments ».

Ce que nous devons dire à l'honneur de Berryer, c'est que jamais il ne vint à sa pensée de traiter avec Juarez. Il se fut contenté de demander des garanties au général Almonte, président de la régence établie au nom de Maximilien. Ce but, une fois atteint, il eût voulu que notre armée revînt aussitôt, laissant aux Mexicains le soin d'organiser leur monarchie. Il ne croyait pas la France impériale appuyée sur d'assez fortes alliances pour réaliser le plan de la Restauration qui voulut, et fit même accepter par l'Angleterre, l'intronisation d'une branche de Bourbon d'Espagne à Mexico.

Telle était la manière de voir de ce grand homme, de ce grand citoyen. Il ne voyait au-delà de l'Atlantique que la légitimité de la République américaine ; il n'apercevait pas le droit égal, la légitimité identique des Etats de l'Union qui, souverains eux-mêmes dans toute l'étendue du mot, ne pouvaient consentir à leur ruine, à leur mort, au bénéfice de leurs rivaux du Nord.

Le comte de Montalembert partageait les mêmes préventions. L'illustre défenseur du *Sonderbund*, que les vœux de tous les catholiques accompagnent dans sa convalescence, oubliait que les droits de la Confédération helvétique n'étaient inférieurs en rien à ceux de l'Union américaine. Que la question de l'esclavage ait passionné les masses, je le conçois! Mais les intérêts catholiques et français étaient dans le Sud. Sous le drapeau de l'abolition de l'esclavage, les Yankees cachaient le but de leur tyrannie de race et de leur égoïsme de lucre. Les causes de la guerre, ce furent les tarifs.

III

Je n'entreprends pas ici l'étude technique de la question; je l'ai ébauchée ailleurs et j'y reviendrai à propos de la réforme commerciale. Je reste sur le terrain de la politique pure; et je me demande ce qui arrivera lorsque la puissance américaine concentrée, un jour, dans la main d'un homme qui disposera de cent cinquante millions d'hommes, n'aura plus ni bornes, ni limites.

Subirons-nous le joug du Nouveau-Monde? Ou

bien lui opposerons-nous une unité européenne? Nul ne le sait ; mais que de sang, que de ruines, quelle subversion universelle pour y arriver !

Ce développement indéfini, unitaire de l'Amérique, ce péril sans nom, ce danger sans exemple, nous pouvions l'empêcher. Nous n'avions pas à nous immiscer dans les destinées mystérieuses d'un peuple. Mais lorsque les choses se faisaient toutes seules, lorsque cet édifice gigantesque qui bravait les lois de l'espace, s'écroulait par son propre poids, le droit de l'Europe, en face de ce grand événement, était de se demander quel était son intérêt, et, après l'avoir bien reconnu, de le servir.

La gloire de l'Europe, c'est d'être divisée et pondérée ; nos nationalités font notre orgueil : donc notre intérêt est que l'Amérique le soit aussi. La sécurité de l'Europe résidait dans la dissolution de l'union américaine. L'heure est passée, le géant s'est relevé; que Dieu garde notre pays ! Que Dieu garde l'Europe !

Avec de généreuses intentions au début, on est arrivé à une catastrophe. Pour des siècles, nous avons perdu tout prestige, toute influence en Amérique.

Après avoir tiré l'épée, on l'a remise, sans dignité, au fourreau. Après avoir porté Maximilien sur le trône, on l'a abandonné sur un échafaud. Après avoir braqué les canons de la France sur les convoitises des Etats-Unis, on les a encloués avec l'honneur et la foi jurée.

A Queretaro, il y a donc un point culminant : Monseigneur, il faut y monter. Des sommets de l'histoire, les princes ne doivent pas craindre d'affronter les horizons de désastre. Les revers ont leur éloquence : *Et nunc intelligite, Reges!*

L'UNITÉ ALLEMANDE.

L'UNITÉ ALLEMANDE.

I

« Quel grand roi ! » disait Mme de Sévigné après avoir eu l'honneur de danser avec Louis XIV. Je serais tenté d'imiter cet exemple, en me souvenant des liens personnels qui unissent ma famille à l'auguste maison de Hohenzollern et des bontés dont elle m'a moi-même honoré. Je ne dirai pas cependant, en parlant du roi Guillaume : « Quel monarque peu ambitieux » ! Sa Majesté elle-même croirait que je lui manque de respect et de gratitude. Disons donc toute la vérité, rien que la vérité.

Le duc de Persigny a dit avec sagesse : « Le génie allemand est de sa nature contraire à l'unité. Encourager les Allemands à l'unité germanique serait un contre-sens politique ». Ceci est fort bien ; mais à qui M. le duc fera-t-il croire que le génie municipal des Italiens incline vers l'unité ?

L'avenir dira à ceux qui le verront le dernier mot de la question. Quant aux intérêts de la France, ils ont été complétement sacrifiés. Et il faut le dire, ce sont vos amis, Monseigneur, ce sont vos journaux qui ont été les auxiliaires les plus ardents de l'œuvre prussienne. Que la famille Bonaparte n'aime pas l'Autriche, c'est son droit. Mais un prince français pouvait-il désirer que, sur les ruines de l'Empire d'Autriche, un nouvel Empire vînt à s'élever plus puissant encore, plus menaçant que le premier ? La politique des Tuileries a-t-elle deux poids et deux mesures ?

Si nous avons combattu pendant des siècles, pour abaisser la maison d'Autriche ; si nous y avons réussi, était-ce pour lui substituer la maison de Prusse, avec une aggravation de danger pour notre prépondérance ? Ne tombait-il pas sous le sens que les hommes d'État prussiens n'attendaient que l'heure favorable pour imiter M. de Cavour ?

Et quels hommes d'Etat ! A leur tête se trouve un des plus illustres diplomates de ce siècle. Le comte de Bismark n'a pas de rivaux dans l'histoire diplomatique de notre temps. Ce n'est pas un succès, peut-être inespéré, qui le sacre d'une illustration sans égale, c'est encore plus son calme, son imperturbable sang-froid après des événements qui tinrent du prodige, et renversèrent, en huit jours, mille ans d'histoire et de tradition.

A cheval à Sadowa, à côté du vieux roi dont il

maîtrisait l'intrépidité, il allait se faire tuer, lorsque la victoire se prononça pour les aigles de son maître. Le soir, Guillaume lui demanda ce qu'il désirait. Il ne voulut rien : ni titre, ni dotation. On croit rêver, n'est-ce pas, en entendant le récit de tant d'abnégation. Dans notre joyeux pays de France, on entend mieux la conquête des honneurs, des cumuls, des titres, des décorations.

Je me trompe, M. de Bismarck demanda une faveur : celle de faire occuper militairement Francfort. Quand il représentait le roi de Prusse à la Diète, il paraît que les Francfortois étaient peu convenables à son égard. Le comte leur envoya des dragons et des cuirassiers. Ces *pauvres* MM. de Rothschild et Bedman durent payer une gracieuse indemnité à Sa Majesté prussienne, et puis, on jeta la Confédération germanique par les fenêtres du Romer. Je suis loin d'approuver : je cite.

Seulement, je me demande si c'est pour laisser d'aussi graves événements s'accomplir impunément, que la France payait ses députés. Une majorité ne se donnant même pas la peine de comprendre la portée de ses votes, le caractère hésitant de l'empereur, tout a concouru à un dénouement pour jamais fatal à la France.

Il faut bien que nous racontions nos malheurs aux Tyrtées de nos gloires et de nos félicités sans nombre.

Je ne demande pas mieux que de monter au Capitole, et tous les Français avec moi ; seulement, je cherche le vainqueur d'Annibal, et j'ai le vif regret de ne pas le trouver.

II

Vous aimez, Monseigneur, *les points culminants* de la politique ; et moi aussi. A Sadowa, le malheureux Benedek n'a pas occupé Chlum. C'est la France qui aurait dû s'emparer de la situation. Avec cent mille Français sur le Rhin, les Hohenzollern ne prenaient pas la place des Habsbourg, et l'œuvre de Henri IV et de Richelieu n'était pas à refaire en sens inverse.

A la place de l'Autriche en décadence, une nation pleine de vitalité a surgi tout d'un coup, armée de pied en cap. Souvenez-vous de cette merveilleuse campagne où tout était prévu, tout calculé avec une perspicacité étonnante, un instinct des choses de la guerre qui rappelle le grand Frédéric.

A la place de l'Autriche qui a engagé un duel avec ses nationalités, le jour où elle a cédé Venise, la Prusse une, compacte, homogène; la Prusse agricole et militaire, administrant ses finances, comme son armée, fécondant un sol ingrat par des travaux d'agriculture admirables; la Prusse enfin, combinant tout pour former, nourrir et entretenir des soldats, se prépare au rôle principal. Pouvons-nous l'en empêcher ? J'essaierai de répondre à cette question, lorsque je traiterai la question des alliances.

Il faut rendre justice au peuple français, l'émotion fut grande après Sadowa. J'aurais préféré cela la veille. On le consola avec la loi militaire et douze cent mille hommes sous les drapeaux. Et, remarquez bien que nous ne devons pas nous plaindre ; car si le gouvernement eût demandé deux millions d'hommes, ce ne sont pas certainement pas MM. Bournat, de Chartrouse, Pamard ou Ladoucette qui s'y seraient opposés. M. Belmontet aurait voulu que l'on pût s'engager comme le Prince impérial, à l'âge de deux mois.

Ce n'était pas l'organisation de la Prusse que la France devait copier ; c'était sa politique d'alliances à l'extérieur, politique où elle a trouvé la neutralité, le succès et l'économie ; c'était sa politique économique, industrielle, agricole à l'intérieur.

De la bonne politique, voilà notre landwher, notre landsturm.

III

En présence du fait accompli, je ne dirai que quelques mots sur la loi militaire. Cette organisation à laquelle aucun de nous n'aurait refusé son concours à l'heure du danger, est en opposition formelle avec notre caractère national.

La France s'est toujours levée spontanément, volontairement, comme un seul homme contre l'étranger ; l'organiser comme un camp permanent, c'était lui faire injure, oublier son passé.

En 1814, après des malheurs que les générations raconteront aux générations, les étrangers que nos armes étaient allées chercher à Berlin, à Moscou, à Vienne, revinrent derrière nos fourgons, pour nous rendre nos visites. La France était exténuée de sang et d'or, il n'y avait plus que des veuves et des orphelins.

Napoléon vint au Corps Législatif pour y chercher, disait-il, des consolations : il y trouva des conseils sévères. La France, mutilée pour satisfaire l'ambition d'un homme, saisit son drapeau dans un sublime et dernier élan. La campagne de France mit le sceau à quatorze siècles de gloire et d'héroïque patriotisme.

Avec un pareil peuple, pourquoi tant de précautions ? Pourquoi habiller quatre cent mille Français de plus en gardes nationaux ? Pourquoi costumer ainsi les fils des soldats de Turenne, de Villars et de Napoléon ?

L'institution de la landwher et de la landsturm a réussi à la Prusse, c'est vrai. Mais il n'y a pas la moindre analogie entre la Prusse, puissance née hier des fautes de la France à Munster et de l'Autriche en

1700, puissance militaire, intelligente au plus haut degré, cependant sans commerce et sans marine.

« Si j'étais roi de France, disait Fédéric le Grand à un diplomate, il ne se tirerait pas un seul coup de canon en Europe sans ma permission [1] ».

Et cette noble France, qui confond souvent la vanité nationale avec la conscience de sa force, de sa grandeur, de ses devoirs, la France a créé la Prusse aux traités de Westphalie, l'a acceptée comme grande puissance aux traités de Vienne, l'a laissée faire ce qu'elle a voulu au traité de Nilkolsburg.

La Prusse, inférieure comme territoire et population aux grandes puissances, a dû militariser tous ses sujets pour maintenir sa position. L'expérience a réussi. Les Prussiens eux-mêmes en sont encore étonnés.

Il a fallu que l'Autriche attristât le monde par ses revers, pour que la Prusse, malgré son génie incontesté, ne payât pas de son existence son organisation militaire. Quand un pays dépense en un jour tous ses enfants, tous ses trésors, quel est celui qui peut lui assurer le lendemain? Admettons que l'archiduc Albert eût pris la revanche de Benedek, sur les bords du Danube; la Prusse n'existerait plus comme grande puissance. Nous aurions les bords du Rhin, et la noble race Bornsse, épuisée de soldat et de florins, serait descendue au troisième rang.

[1] Lettre de Frédéric au marquis de Valori, ambassadeur de France à Berlin. 2 mai 1754.

Quant à la France, je ne m'y oppose pas pour mon compte; mais elle aura de la peine à s'habituer au système prussien.

Ce siècle est celui des grandes entreprises commerciales et industrielles. Assurément le gouvernement n'a pas arrêté l'élan donné aux affaires qui se sont multipliées pendant quinze ans dans une proportion effrayante. Ce n'est pas en appelant soixante mille hommes de plus sous les drapeaux, en prolongeant le service militaire de deux ans, en augmentant la dette de cent cinquante millions, que l'on facilitera à la nation les moyens de se livrer aux travaux que l'Empire encourage de toutes ses forces.

Est-ce dans un moment où l'agriculture est en détresse, qu'il a été sage et prudent d'enlever aux campagnes les bras qui leur restent ?

Il y a encore une considération de l'ordre le plus élevé : elle frappera les hommes politiques.

L'organisation militaire, telle qu'on l'a faite, peut être, à un moment, une puissance électorale et gouvernementale entre les mains du pouvoir. Tôt ou tard, à l'heure des révolutions, ce sont quatre cent mille fusils entre les mains des partisans du désordre.

Vous constituez militairemeni des populations mécontentes que vous enlevez aux travaux de la paix ; il n'est pas prudent de mettre un fusil entre les bras de ceux qui le manient à contre-cœur.

Et puis, l'armée est une noble corporation qui a un prestige sans égal. Il faut laisser aux militaires le sabre, le fusil, l'uniforme. Il ne faut pas que tout le monde soit soldat; vous n'auriez plus ni l'émulation de l'épaulette, ni l'honneur jaloux du drapeau.

La France n'a qu'à se souvenir de sa mission, de son histoire, de son drapeau blanc ou tricolore pour être la reine du monde. M. de Bismark le sait mieux que nous !

NOS ALLIÉS.

NOS ALLIÉS.

J'ai hésité avant de continuer mon travail, car je ne sais rien de plus attristant aux yeux de l'histoire et des contemporains, que les contradictions dans la vie des hommes politiques et des nations que l'on a appris à honorer.

Quand un homme, à quelque parti qu'il se rallie, à quelque nuance d'une opinion qu'il appartienne, s'est engagé dans la vie publique d'un propos ferme et délibéré ; lorsque ses convictions, noblement défendues, lui ont acquis honneur et considération, même chez ses adversaires, j'éprouve un sentiment étrange, indéfinissable, lorsque je l'aperçois hors de sa route : cette inconstance dût-elle le conduire sur ces voies que mes croyances personnelles proclament celles de la vérité.

Et pourtant, il faut bien admettre les modifications

apportées par l'expérience dans l'esprit des hommes, les conversions politiques, les aspirations de l'homme d'Etat, vers ce degré de perfection qui est l'idéal dans les institutions humaines. Cependant nulle âme généreuse ne peut se défendre d'une impression souvent injuste, mais que l'on éprouve et que l'on traduit par ces paroles qui vibrent comme un cri accusateur aux oreilles de ce siècle infidèle : — un tel, oublieux de ses affections, n'a pas toujours pensé ainsi !

Ceci posé, nos lecteurs voudront bien tenir compte des événements, si j'expose un système d'alliance qui n'est plus celui que je soutenais il y a cinq ans.

« Dis-moi qui tu hantes, et je te dirai qui tu es »! Cet adage, Monseigneur, si vrai dans la vie privée des hommes, l'est encore davantage dans la vie des nations. La grandeur d'un peuple réside dans ses alliances.

Après avoir résumé la politique diplomatique du second Empire, je cherche autour de nous des alliés ; je cherche et je ne trouve pas. Je jette sur la carte de l'Europe un regard attentif ; je ne vois que des offensés, des ennemis, des ingrats.

Quelle est donc la situation de la France dans les éventualités d'une guerre ? Voilà ce que je me propose d'expliquer avec le moins de mots possible.

Si la guerre éclatait demain, soit avec la Prusse, soit avec l'Italie en pleine insurrection mazzinienne, que se passerait-il ?

L'Europe assisterait-elle indifférente à ce duel, comme à celui de Sadowa ? En ce cas, il n'y aurait plus, rien à dire. Seulement la naïveté d'une pareille hypothèse me dispense de la discuter.

L'Europe s'ingérera dans la querelle. Les groupes seront ainsi placés sur l'échiquier politique : d'un côté, la Prusse, la Russie et toute l'Allemagne, dont l'unité sera accomplie le jour où nous aurons franchi le Rhin ; d'un autre côté, l'Angleterre, l'arme au bras, et l'Autriche gardant la neutralité.

L'Autriche gardera la neutralité pour deux raisons : la première, c'est que, au premier coup de canon tiré par elle contre la Prusse, ses provinces allemandes passeraient armes et bagages à sa rivale ; la seconde raison, c'est que M. de Bismark expédierait immédiatement sur le Brenner les bandes garibaldiennes.

Nous ne pouvons donc pas compter sur l'alliance autrichienne.

Quant à l'Italie, elle marcherait sur Rome. Alors de deux choses l'une : ou la France catholique exigera, les armes à la main, le maintien du Pape ; ou la France révolutionnaire, triomphante pour un moment, voudra laisser faire. Dans ces deux hypothèses, je le demande à ceux qui réfléchissent, les perspectives de l'avenir sont-elles rassurantes ?

La France armée contre la Prusse, ne peut retrouver des alliés que si la Russie marchait sur Constantinople. Alors, et seulement alors, elle pourrait conclure une triple alliance avec l'Angleterre et l'Autriche. Cette alliance n'est pas celle de ses traditions : elle ne peut plus s'en passer, grâce à des fautes, à des imprudences sans nombre.

Depuis Sadowa et Queretaro, ces deux dates sœurs de Waterloo, l'alliance russe doit être à jamais abandonnée pour l'alliance anglaise. Tous les efforts de la diplomatie, de la politique, doivent tendre à un accord constant, sinon à une entente cordiale, avec l'Angleterre. Le système du monde politique est troublé dans tout son ensemble. Le centre de gravité est déplacé. Le poids des Etats-Unis, nouveau dans la balance, exige des combinaisons nouvelles.

L'alliance anglo-française est-elle possible ? Je n'ai pas le secret de l'avenir. Il est notoire que ce n'est pas chose facile. Il se peut qu'un accord, un concert puisse exister au sujet d'une question déterminée ; il y a peu de connexité entre les intérêts généraux des deux pays.

Et pourtant nul doute que l'alliance de ces deux grandes puissances serait féconde pour la paix du monde.

Pour ceux qui n'examinent l'Angleterre qu'avec les yeux de la haine nationale et de la passion religieuse ; pour ceux qui ne considèrent en elle que le foyer inextinguible des révolutions du continent ; pour ceux enfin qui ne savent pas démêler, dans la vie d'un grand peuple, les semences de la vie avec les germes de la mort, mon admiration paraîtra étrange.

Mais ceux, au contraire, qui étudient l'histoire avec sang-froid et impartialité, admirant ce qui est bien et regrettant ce qui est mal ; ceux-là admireront les rouages merveilleux d'une constitution qui fonctionne au nom de la liberté ; la pondération parfaite qui maintient l'équilibre entre les pouvoirs et défie les attaques de la révolution, qui engendre, chez nous, la démagogie.

L'alliance anglo-française serait le plus grand événement diplomatique de l'histoire moderne. Il ne faut guère y compter.

Il y a, dans l'histoire des nations, de ces rivalités fatales que la volonté de l'homme ne peut détruire : au surplus, elles ne sont pas stériles pour la gloire et les grandes entreprises. Rome déclina avec la chute de Carthage. Et sans désirer la déchéance d'un grand peuple, qui a ses fonctions providentielles dans l'organisme de l'humanité, luttons avec lui de patriotisme, et soyons, sinon son ami, du moins son allié.

Je ne prétends pas justifier la politique anglaise. Mais on s'imaginerait à tort que la haine est le mobile de l'ambition britannique. Chez le peuple anglais on trouve, à côté d'une cupidité égoïste, l'amour de la patrie. Passion sainte et féconde, que Dieu jette au cœur des peuples quand il veut les faire grands ; vertu presque divine, qui plane au-dessus des turpitudes de la Rome païenne en les voilant, enveloppe dans un nuage de gloire les forfaits de notre révolution, et a transformé l'Océan en un lac britannique où l'Anglais se promène avec l'orgueil et la sécurité d'un maître.

Et maintenant si nous avions à formuler un programme, voici quels en seraient les articles :

Alliance avec le Pape, en déclarant solennellement que toute ingérence des Italiens dans les affaires du Saint-Siége sera suivi du rappel de notre ambassadeur ;

Abandon complet de l'Italie à elle-même ;

Triple alliance avec l'Angleterre et l'Autriche ;

Admission de l'Espagne et de la Suède dans le concert européen, à titre de grande puissance ;

Rétablissement des Bourbons en Espagne, dans la personne de Don Carlos, en prenant des garanties d'alliance et de secours à un moment donné.

Réunion de l'île de Crète à la couronne du roi Georges, seul moyen d'enlever à la Russie tout prétexte de s'immiscer dans les affaires de la Turquie.

Il ne coûte rien, Monseigneur, de faire des programmes ; le tout, c'est de les suivre : c'est la grâce que je souhaite à Votre Altesse Impériale ; car il y a, dans l'histoire de France, des heures où les théories s'effacent devant la brutalité des événements.

Napoléon, à Sainte-Hélène, a dicté des volumes pour expliquer le blocus continental, la guerre d'Espagne, Moscou, les Cent Jours et Waterloo. La théorie Napoléonienne fait rêver : sa pratique donne le vertige. L'inflexible histoire admire toujours les lauriers, quelques sanglants qu'ils soient ; mais elle flétrit les excès d'une politique d'aveuglement et de fatalisme.

LA RÉFORME COMMERCIALE.

LA RÉFORME COMMERCIALE.

Je suis très à mon aise, Monseigneur, pour parler de la réforme commerciale, car je reconnais, avec Votre Altesse, les abus du régime protecteur. Mais ces abus partiels pouvaient-ils être corrigés sans en venir à la destruction complète de l'ancien ordre de choses ? Telle est mon opinion, et c'est là le point où commence la divergence.

J'ai entre les mains les rapports des principales Chambres de commerce, entre autre celui de la Chambre de Marseille pour l'année 1868 : ce ne sont que des cris de détresses et d'alarmes, qui font un singulier écho aux cris de joie poussés à Liverpool et à Manchester.

En ce qui concerne nos provinces méridionales, le traité de commerce peut se traduire en ces mots : *détresse agricole*, *détresse vinicole*, *ruine de la marine à voiles*.

Je ne disconviens pas, je l'ai dit, des inconvénients de la protection et de l'*échelle mobile*. Relativement à la question des céréales et des subsistances, j'admets parfaitement la nécessité d'une importation facile dans les années de disette; j'admets le libre échange avec les pays nourriciers dont nous sommes les tributaires obligés. Nous n'avons certainement pas le droit de frapper de surtaxes le blé qui fait vivre un pays, lorsque, par l'imprévoyance de ses gouvernants, il ne peut suffire à ses besoins.

J'emprunte à un intéressant mémoire publié par M. Camille Caune les chiffres suivants (1):

De 1816 à 1862 la France a acheté à l'étranger 96 millions d'hectolitres qu'elle a payés 2 milliards 500 millions; elle lui a vendu 50 millions d'hectolitres dont elle n'a obtenu que 861 millions. D'où il résulte le prix moyen des blés exportés à 17 fr. 15 c.; et celui des blés importés à 26 fr. 04 c. Différence à notre détriment 8 fr. 89 c. par heciolitre.

Là-dessus l'auteur du mémoire indique un moyen de se prémunir contre les mauvaises années par l'*ensilage* (dépôt des excédants dans des silos hermétiquement fermés); je renvoie le lecteur à ce document qu'il lira avec un profond intérêt. Sans sortir du cadre que je me suis tracé, je me demande comment on a pu déclarer le libre échange à l'extérieur, lorsque, à l'intérieur, le commerce et l'agriculture sont

(1) Le Crédit agricole par les réserves de céréales, Paris 1866.

soumis à un régime protectionniste tellement dur, qu'il équivaut parfois à la prohibition.

Vous enlevez à un pays producteur le bénéfice des tarifs pour l'écoulement de ses richesses à l'étranger, et, sur son territoire même, vous le soumettez à un système de droits d'octrois plus oppressif que ne l'étaient les douanes de province sous le régime féodal lui-même.

A-t-on diminué les tarifs sur les canaux, sur les chemins de fer? Les marchandises circulent-elles plus librement? Avec la vie à bon marché a-t-on trouvé le moyen de soulager les classes ouvrières sans élever indéfiniment les salaires? Graves questions qui ne sont pas résolues, dont la solution devait précéder le traité de commerce!

Mais laissons de côté nos intérêts immédiats; oublions pour un moment le présent, et songeons à l'avenir.

MM. Chevalier, Say, Bastiat et Rouher ont oublié *un petit détail* dans leur plan de réforme. Je suis persuadé que M. Cobden, lui, s'en est souvenu.

Ils ont oublié l'Amérique: rien que cela!...

Vous proclamez le libre échange dans l'Ancien-Monde; mais avez-vous obtenu l'adhésion du Nouveau-Monde? Vous vous flattez de poser un niveau commercial sur les marchés européens; soit; mais lorsque l'Amérique inondera ces marchés de ses produits innombrables et toujours croissants: cotons, farines et même objets manufacturés, qu'est-ce que deviendra votre niveau? car vous ne pouvez vous passer de matières premières.

Que doit-il arriver de votre théorie du libre échange illimité, quand la trop grande supériorité de production et de fabrication, d'un côté, ne laisse plus rien, de l'autre, ni à produire ni à fabriquer?

Que peut-il advenir de l'existence de l'Europe, quand déjà celle d'un particulier, propriétaire d'un moyen domaine rural, se trouve compromise, peut-être détruite par des produits qui arrivent des régions les plus reculées du globe, où l'on travaille à meilleur marché?

Un homme peut lutter contre d'autres hommes, ses voisins, par son intelligence et son activité. Il sait ce qu'il peut faire, ce qu'il peut entreprendre; mais que peut-il contre l'univers?

Ne sent-on pas tout ce qu'il y a de dangereux pour un état social dans lequel les existences même les plus modestes, se trouvent sans cesse ébranlées, troublées, sans pouvoir d'aucune manière prévoir le coup qui les frappe, sans pouvoir se préserver ni se défendre? L'agitation de l'Europe provient de ce que, dans presque toutes les positions, personne ne peut plus compter sur ce qu'il est ni sur ce qu'il deviendra.

La politique de la France, celle de l'Europe avec les autres parties du monde, ne devra jamais cesser d'être dominées, l'une par le sentiment français, l'autre par le sentiment européen.

L'avenir matériel du monde est renfermé dans ces deux mots : *Europe, Amérique.*

Tributaire de l'Amérique pour les articles de notre consommation journalière : thé, café, cacao, sucre, épices, indigo, cochenille, coton, nous sommes aussi ses tributaires pour les métaux et les pierres précieuses.

Que doit-il advenir, quand cette race américaine qui n'était hier qu'exubérante, qui aujourd'hui est devenue politique, sera parvenue au développement complet de sa puissance morale, matérielle et politique ? Croit-on que ces jeunes États américains, forts comme ils le sont du principe d'unité qui les appelle à la vie, commettraient la faute de venir combattre à la manière européenne? Non, ce serait la lutte de toute l'Amérique contre l'Europe divisée.

Pour se rendre compte du danger sans égal qui menace le prolétariat européen dans un avenir très-rapproché, il faut suivre le développement commercial et l'accroissement de la population dans certaines villes de l'Union américaine, en les comparant avec ceux des grandes villes de l'Europe.

Liverpool, en 1700, ne comptait pas plus de 6,000 âmes, aujourd'hui elle a près de cinq cent mille habitants.

New-York, en 1633, comptait 4,300 âmes ; elle en compte, aujourd'hui, huit cent mille.

Voilà la question du XIXe siècle, au point de vue commercial ; il n'y en a pas d'autre. M. Cobden, en sa qualité d'Anglais, savait très-bien que l'Angleterre, impuissante à modérer le mouvement américain, n'avait qu'à en suivre la marche en prenant de sages précautions pour l'avenir.

Il s'est dédommagé de notre côté, en nous prêchant le libre échange absolu et à tout hasard; le libre échange pour lequel son pays était tout armé et le nôtre ne l'était pas; le libre échange avant les réformes intérieures que la lettre de l'empereur à M. Fould a seulement promises, et qui, depuis 1860, sont encore à l'état de promesse.

Le traité de commerce a été signé dans ces conditions inégales, grâce aux excellents MM. Rouher et Michel Chevalier, et voilà comment l'Angleterre a pu déjà, dans ses échanges avec nous, suivant l'aveu de M. Gladstone, réaliser un petit bénéfice de six cent millions par an.

Je vous quitte, Monseigneur, en livrant ces chiffres à vos impériales méditations.

LA RÉFORME POLITIQUE.

LA RÉFORME POLITIQUE.

Nous sommes tous d'accord avec vous, Monseigneur, lorsque vous félicitez le gouvernement des amnisties; lorsque vous demandez l'abrogation de la loi de sûreté générale, la nomination des maires dans le sein des conseils municipaux, la publicité de leurs débats. Vous avez passé sous silence cette triste machine électorale, qu'on appelle les candidatures officielles, système d'une démoralisation politique et sociale, sans précédent, où l'État convie *tous* ses fonctionnaires à s'enrôler dans une sorte de police; où maires, juges de paix, gardes-champêtres, agents du fisc et des ponts et chaussées, tous ont une mission plus ou moius directe, plus ou moins transparente.

La liberté ne sera jamais qu'un vain mot en France, tant que les votes ne seront pas libres.

Pour mon compte, j'espérais que vous prononceriez le mot de réforme administrative; j'ai été déçu de cette espérance. Et pourtant, là est le nœud gordien du problème actuel.

Deux mots seulement : Je n'ai nullement le dessein de combattre la centralisation au point de vue politique ; mais je maintiens que la centralisation administrative et financière détruit le résultat utile de la centralisation politique.

La décentralisation partielle est notre seul recours contre l'absolutisme. C'est le seul moyen de convier toutes les forces de la nation au juste partage des droits, sous peine d'être conduits à la servitude. C'est un banquet d'où nul ne veut chasser l'État, mais dont on veut augmenter le nombre des convives.

La centralisation a parcouru sa marche elliptique ; elle a soutenu, enrichi, puis démoralisé le pays : il faut qu'elle retourne à sa pure expression politique. Tant que les constitutions ne compteront pas avec l'esprit d'un peuple, avec ses institutions fondamentales, elles n'établiront jamais rien de durable. L'esprit public est le type originel d'un peuple, type qui se transmet de génération en génération.

Vous étendez nos prérogatives politiques ; n'étendrez-vous pas les prérogatives administratives et financières des provinces ?

C'est la sécurité du commerce qui ne vit que de crédit, car la démoralisation d'une société l'affaiblit. Alors les importations et les exportations diminuent ; le malaise double les commotions, les derniers vestiges de la richesse disparaissent.

Les banques ne peuvent faire honneur à leurs engagements quand une crise centrale détruit leur crédit. Cette impossibilité jette le désordre dans le commerce, dans les fortunes, dans l'honneur des négociants. Les produits se cachent, leur écoulement se fait plus lentement et contrarie cette loi économique, qui veut que « plus tôt un produit est vendu, plus tôt cette portion du capital puisse être appliquée à un nouvel usage, de sorte que le capital occupé moins longtemps coûte moins d'intérêts ».

Le crédit public est la confiance qu'on a dans les engagements du pouvoir. Etendez les droits administratifs et financiers des départements, immédiatement les enfants de ces départements qui inondent Paris, seront forcés de retourner dans leurs localités pour y sauvegarder leurs intérêts. Les capitaux, loin d'un centre unique, créeraient des banques départementales qui neutraliseraient l'influence de la Bourse de Paris, ce balancier des révolutions, et vivifieraient, avec le commerce, l'agriculture.

Il faut, comme l'a dit Montesquieu, que « le pouvoir arrête le pouvoir ».

Mais, n'en doutez pas, avant dix ans, la décentralisation sera accomplie ou librement, ou par la force des événements, ces exécuteurs en dernier ressort des ordres de la Providence.

« Jusqu'ici le pouvoir n'a pas été dévoué au pays ; il s'est fait l'esclave de ses seules théories ; il ne s'est préoccupé que de ses amis , de ses affidés ;

il a bâti sa maison sans songer à l'édifice de la société.

« Le patriotisme éclairé n'est jamais personnel ; il doit se sacrifier et se retirer à temps, comme Cincinnatus.

« Mais ce patriotisme est rare ; le gouvernement qui renoncerait à sa personnalité pour le bien public serait considéré , il serait inébranlable , car il aurait dit à ses ennemis : Venez, et faites mieux que moi !... Et ce pouvoir, comme Philippe-Auguste , aurait sa bataille de Bouvines.

« Mais, hélas ! nous sommes loin des hommes de ce temps , et l'esprit public écrasera l'esprit individuel ; l'intérêt général , l'intérêt de fraction. Cet esprit n'est que la réaction générale vers la vérité des institutions ; réaction sans prise, parce qu'elle n'appartient à aucun parti en particulier. Un gouvernement aura beau se roidir contre cette nécessité de réforme administrative , il aura beau appeler à son aide la dictature , la terreur, l'œuvre publique s'accomplira.

« Quant à nous , les principes que nous soutenons sont l'expression des droits du pays ; nous les propagerons, nous les défendrons, avec ou malgré la République, comme nos devanciers les ont défendus souvent , malgré certains ministres de la monarchie (1) !... »

(1) *De la réforme administrative*, par le marquis de Valori, prince de Rustichelli.

DE LA DÉMOCRATIE.

DE LA DÉMOCRATIE.

Vous êtes franchement révolutionnaire, Monseigneur, et l'histoire ne vous donnera pas le surnom qu'elle donne au prince de Galles, celui de « Prince Noir ». C'est un mérite rare chez les princes, que la franchise : on sait où ils veulent en venir. Cela vaut mieux.

Votre Altesse ne se gêne pas pour proclamer l'alliance de l'Empire et de la Révolution.

La politique impériale avait parlé de démocratie ; vous faites un pas en avant, et vous substituez le mot de *révolution* à celui de démocratie.

Les intérêts sociaux de la France répudient cette alliance.

Entre la démocratie et la démagogie, il y a un abîme. La démocratie chrétienne, c'est le christianisme lui-même ; nous en faisons tous partie, à quelque degré de la société que nous soyons placés. La démagogie, c'est la révolution organisée par les sectes. Ce serait une grave erreur que de confondre la populace avec les démagogues. Philippe-Egalité, MM. de Barras et de Robespierre étaient des démagogues. Ce ne sont pas les ouvriers qui sont des démagogues, mais bien ceux qui volent leurs blouses pour diriger les émeutes.

Les intérêts de tout pouvoir régulier exigent une alliance avec l'Eglise romaine, avec les classes élevées, avec le vrai peuple.

On a voulu souvent comparer les principes et la législation qui ont présidé à l'établissement de la maison de Hanovre, en Angleterre, avec ceux qui ont établi la dynastie napoléonienne. De là des rapprochements politiques, sociaux et religieux entre les deux peuples. Le point de départ est aussi faux que le point d'arrivée.

Lorsque Guillaume d'Orange débarqua en Angleterre, en 1688, il était le représentant naturel des deux idées les plus populaires : le protestantisme et la haine de la France et de Louis XIV. Personne, en Europe, ne détestait plus l'Eglise romaine que ce prince de la maison de Nassau ; personne ne haïssait plus le grand roi que ce glorieux vaincu de vingt combats. L'Angleterre ne voulut plus des Stuarts parce qu'ils étaient *papistes* et alliés du roi très-chrétien ; elle accepta la nouvelle dynastie et accomplit pour elle une révolution de famille, déposant le père pour adopter la fille et le gendre, mais toutefois sans toucher aux bases de la Constitution, et en se gardant bien d'invoquer la souveraineté du peuple, comme Burke l'a si bien remarqué. Mais ici, notez bien une autre différence.

Exalter, en Angleterre, les principes de 1686, c'est rappeler à la fois le triomphe du protestantisme, l'affranchissement de la part de la Grande-Bretagne de toute condescendance pour la France, le renversement de la dynastie catholique des Stuarts, l'indépendance nationale, et, il faut bien le dire, le développement de la richesse publique.

En France, au contraire, le mot révolution veu dire : Convention, Jacobins, anarchie démagogique.

Si Guillaume d'Orange a été porté sur le trône par le protestantisme, Louis-Napoléon a été porté à l'Élysée comme le neveu de l'auteur du Concordat. Si le stathouder a été acclamé, de l'autre côté du détroit, comme l'homme qui devait consacrer les libertés et les franchises de la grande Charte, le président de la République a été salué comme l'homme qui devait mettre un frein à la révolution.

Guillaume, prince protestant, stathouder d'une république démocratique, maritime et marchande, devenait le roi d'une république aristocratique, maritime et marchande. L'élément aristocratique seul avait besoin d'être modifié pour arriver à un incomparable équilibre des pouvoirs, où la démocratie fusionnée avec l'aristocratie ne fait qu'un avec elle.

Louis-Napoléon, au contraire, était appelé à gouverner une nation essenticllement catholique et monarchique, un peuple qui a écrasé la réforme après de sanglantes luttes, et qui, sans forfanterie italienne ou sans exaltation espagnole, est avant tout catholique, apostolique et romain.

En Angleterre, et surtout en Italie, le puritanisme, sorte de socialisme religieux, a pu opérer un nivellement et détruire la hiérarchie. En France, pays de gloire, d'honneur, de vaillance, mais aussi de vanités, de titres, de décorations, le règne d'une vraie démocratie est-il possible?

Dans la nuit du 4 août 1789, nos pères firent une générale hécatombe de toutes les distinctions féodales. Il y avait là beaucoup plus d'esprit et d'intelligence que d'abnégation. Ils comprenaient très-bien que la noblesse historique survivrait seule à la noblesse de clocher; qu'un Montmorency, un Howard, un Colonna ou un Medina-Cœli n'a pas besoin de titre; que du jour où on aurait fait disparaître cette nuée de marquis, de comtes et de barons qui surgissait de tous les moulins de la monarchie, il n'y aurait plus de confusion pour les grands noms et les services éclatants.

Nos pères furent naïfs. C'est depuis nos révolutions que les titres et les marques de distinction se sont multipliés. Et de peur que la nation française ne devienne une *démocratie armoriée*; on a été obligé de faire une loi sur les titres. Il est vrai qu'on a eu soin de ne l'appliquer que contre les grandes familles, en laissant le nombre de personnes qui se titrent elles-mêmes, croître dans la proportion accoutumée.

En France, Monseigneur, une dynastie ne peut vivre qu'en s'appuyant sur l'autel, sur la hiérarchie, sur la liberté.

Sur l'autel, parce qu'en dépit d'une minorité libre-penseuse et de bourgeois de villages voltairiens, nous sommes, comme nos pères, catholiques, apostoliques et romains.

Sur la hiérarchie, parce que heurter les sentiments de la vieille fierté militaire et même de la vanité française, c'est vouloir se briser contre le caractère de la nation.

J'ai dit qu'il fallait s'appuyer sur la liberté; car les gouvernements qui, à la manière des Césars de la décadence, voudraient socialiser les empires, marcheraient droit à leur ruine.

La liberté que nous demandons, c'est la liberté traditionnelle, comme chez les Anglais, ce n'est pas une sanglante démagogie.

Dans les Cent-Jours, Napoléon Ier crut à cette démagogie. Il attela la multitude à son trône ; et lorsque son char fut précipité sur la pente rapide de l'adversité, ce ne fut pas elle qui l'enraya. Après Waterloo, vaincu par le sort, abandonné par ce peuple, dont il avait fait une grande armée, le nouveau Thémistocle demanda à reposer ses lauriers aux foyers de la Grande-Bretagne. Les marchands de la Cité ne voulurent pas de sa gloire insolvable. et ils le reléguèrent à Sainte-Hélène, sous la garde de cet Océan, seule partie du globe occidentale qui eût échappé à ses *aigles!*

DE LA LIBERTÉ DE LA PRESSE.

DE LA LIBERTÉ DE LA PRESSE.

On ne saurait trop vous louer, Monseigneur, quand vous réclamez la publicité, âme et garantie de tout gouvernement libre. La publicité fait connaître au peuple ses droits et ses devoirs ; elle avertit le gouvernement de ses excès, de ses erreurs. Elle est l'institutrice des peuples et l'égide de leur bonheur. C'est un jour perpétuel qui se fait dans le domaine de l'intelligence.

Je n'ignore pas les abus, ils ne font pas disparaître les bienfaits. Je n'ignore pas non plus les objections. Tout ce qui est beau, ce qui est grand, ce qui est saint a été conçu dans le secret. Les conceptions militaires, le génie artistique, les lois du Mont-Sinaï, de la grotte d'Egérie, les affections profondes, l'amour, l'amitié, la charité, tout cela a été et est mystérieux. Il n'en est pas moins vrai que la publicité est nécessaire, sinon pour inspirer, du moins pour contrôler le gouvernement de la chose publique.

Si j'avais à choisir entre la liberté illimitée de la presse, malgré tous ses dangers, et sa suppression, je n'hésiterais pas à réclamer cette liberté dans toute sa plénitude.

Il nous faut distinguer ici entre ceux qui veulent faire de la presse une puissance gouvernementale dans son essence, et ceux qui ne reconnaissent en elle que le droit du contrôle et de la critique.

Je suis avec ces derniers.

Que la presse signale les prévarications des juges, les infidélités des administrateurs, les vices des grands, les mauvaises mœurs ; qu'elle retienne les mauvaises consciences par la crainte de ne pouvoir couvrir les mauvaises actions d'un voile qu'elle soulève toujours : tant de bienfais placent la liberté d'écrire au rang des premiers besoins de la civilisation. Mais en considérant la presse comme un moyen de gouverner, devez-vous en faire l'application aux choses faites ou aux choses à faire ?

Quelque avancé que soit votre système politique, que vous parliez par la bouche de Jean-Jacques Rousseau lui-même, le *Contrat social* devant vos yeux, vous admettez que le pouvoir est une délégation. Or donc, si vous octroyez votre délégation à quelqu'un, avez-vous le droit de lui demander compte de ce qu'il n'a pas encore fait ? Ne devez-vous pas laisser agir votre délégué, en vous réservant seulement le droit de lui demander compte en public de ce qu'il aura fait?

La confiance est le premier mobile de tout ce qui va bien dans le monde.

La foi sert de base à la religion comme la confiance à tous les bons rapports des hommes entre eux.

Vous ne pourrez échapper à ce dilemme :

Ou déclarez, à vos risques et périls, que ceux qui vous gouvernent ne sont pas vos délégués ; ou ne lancez pas tous les matins une légion d'écrivains contre tous ceux qui ont charge de vous gouverner.

Il faut le secret aux délibérations du pouvoir : la publicité n'a le droit de toucher qu'au fait accompli.

C'est du reste la loi naturelle ; tout ce qui s'opère dans la nature, se fait dans le plus grand mystère et ne se montre aux yeux que dans les résultats.

L'état social serait impossible, si toutes les pensées devaient à l'instant même se traduire en paroles. Il n'y a pas une pensée d'avenir dans l'esprit de l'homme qu'il ne tienne secrète, s'il en attend des résultats.

Le général d'armée fait-il connaître son plan à ses aides-de-camp? Le chef d'une maison de commerce fait-il confidence à quelqu'un de ses spéculations ? ses livres ne sont ouverts au public que le jour de sa banqueroute.

Moïse était seul avec Dieu ; Numa avec la nymphe Egérie. Ce n'est que la nuit, dans la solitude de sa tente, que Mahomet composait le roman de son paradis et de ses houris.

Il n'y a rien de si secret que les pensées du cœur ; si le monde voyait et comprenait ces premiers regards qu'échange un premier amour, il perdrait cette puissance secrète qui entraîne et décide de deux vies à la fois. L'amitié et la charité vont-elles raconter leurs épanchements ? Le fanatisme court les rues une torche à la main ; la douce et vraie religion baisse les yeux et entre humble et silencieuse à l'église.

Ce sont les douleurs solitaires de la montagne des Oliviers qui ont changé la face du monde.

Certes, je ne pousserai pas ma démonstration jusqu'aux dernières limites du syllogisme : j'arriverais à nier ce que je veux défendre, tout en faisant ressortir les inconvénients. J'ai dû, cependant, me maintenir sur le terrain du droit et de la politique que j'ai toujours défendue. Les hommes et les dynasties passent : les principes et les peuples ne passent pas.

Plutôt la publicité extrême que le silence ; mais plutôt la publicite modérée que la licence effrénée et le droit de tout renverser.

TABLE.

www.ingramcontent.com/pod-product-compliance
Lightning Source LLC
LaVergne TN
LVHW020405230826
846091LV00004B/1157

* 9 7 8 2 0 1 2 4 7 4 9 8 7 *